Andreas G. Ranftl

Digitale Gesichtserkennung

Theoretischer Überblick und
praktische C++-Implementierung

Bachelor + Master
Publishing

Ranftl, Andreas G.: Digitale Gesichtserkennung. Theoretischer Überblick und praktische C++-Implementierung, Hamburg, Diplomica Verlag GmbH 2012
Originaltitel der Abschlussarbeit: Digitale Gesichtserkennung: Überblick und Einführung in aktuelle Algorithmen zur digitalen Gesichtsentdeckung und Gesichtserkennung inklusive Beschreibung einer praktischen C++-Implementierung

ISBN: 978-3-86341-432-0
Druck: Bachelor + Master Publishing, ein Imprint der Diplomica® Verlag GmbH, Hamburg, 2012
Zugl. Fachhochschule Salzburg, Salzburg, Österreich, Bachelorarbeit, Mai 2012

Bibliografische Information der Deutschen Nationalbibliothek:
Die Deutsche Nationalbibliothek verzeichnet diese Publikation in der Deutschen Nationalbibliografie; detaillierte bibliografische Daten sind im Internet über http://dnb.d-nb.de abrufbar.

Die digitale Ausgabe (eBook-Ausgabe) dieses Titels trägt die ISBN 978-3-86341-932-5 und kann über den Handel oder den Verlag bezogen werden.

Diese Arbeit widme ich Sandra, einer

erwünschten Ablenkung.

Vorwort

Durch meine vorangegangene Studienarbeit über Stereokamerasysteme konnte ich bereits einen Einblick in die Welt des Computersehens gewinnen und erkannte auch, welches Potenzial und welche Möglichkeiten in diesem Thema stecken.

Von der künstlichen Intelligenz fasziniert, ist auch das Thema der Gesichtserkennung nicht uninteressant. Ausgereifte Gesichtserkennungssysteme können Menschen schützen (Straftäterverfolgung), Menschen das Leben erleichtern (Zugangskontrollen) und Menschen unterstützen (Gesichtsformerkennung zur richtigen Anwendung von dekorativen Kosmetika).

Ich danke allen Personen, die mich bei der Erstellung dieser Arbeit unterstützten und besonders auch denen, die Bilder ihres Gesichts zu Softwaretests zur Verfügung stellten.

Vor allem danke ich auch meinen Eltern für meine stetige Förderung.

Dank möchte ich auch meiner Freundin Sandra aussprechen, die immer Geduld sowie Verständnis zeigte und auch für Diskussionen rund um das Thema Gesichtserkennung offen war.

Kurzzusammenfassung

Das vorliegende Fachbuch befasst sich mit Algorithmen und Techniken der Gesichtserkennung. Der Fokus liegt dabei insbesondere auf der Wiedererkennung zuvor gespeicherter bzw. registrierter biometrischer Informationen.

Aufbauend auf die Vorstellung des aktuellen Standes der Forschung in den Bereichen der Gesichtsentdeckung sowie Gesichtserkennung wird die Implementierung einer Applikation zur Wiedererkennung von Gesichtern vorgestellt.

Die Software wurde in C++ unter Verwendung der Open Computer Vision Library geschrieben. Zur Gesichtsentdeckung wird die Viola-Jones-Methode auf den Stream einer Webcam angewandt. Die Gesichtserkennung basiert auf der Eigenfaces-Methode. Der Test der Software erfolgte mit einem sehr kleinen Set an Gesichtsabbildungen. Es konnte eine Erkennungsrate von 95,83% erreicht werden.

Abstract

This technical book deals with algorithms and techniques for face detection and face recognition. The main subject is the recognition of previously learned biometric information.

Firstly there is an overview of the current state of researches presented. This overview provides information of 2-D- as well as of 3-D-based face detection and face recognition. The practical information leads to the description of an implementation of software that recognizes faces. This software is written in C++ using the Open Computer Vision Library and depends on the commonly used Viola-Jones-Method for detecting faces.

Faces are detected automatically as they are within the stream of the webcam. The faces within the stream are grey scaled and extracted in order to hand them over to the face recognition part of the software. There the faces get either learnt by the system or if they are already stored in the face database, they are recognized. The face recognition approach is based on Eigenfaces. The software was tested with an own very small set of face pictures and reached a recognition rate of 95.83%.

Inhaltsverzeichnis

1 Einleitung

Gesichtsentdeckung, engl. „face detection", und Gesichtserkennung, engl. „face recognition", stellen große Herausforderungen an die WissenschafterInnen im Bereich des Computer-Sehvermögens, engl. Computer Vision, dar. Bereits in den 1960ern wurden die Forschungen in diesem Gebiet gestartet und konnten aufgrund ihrer Komplexität bis heute nicht abgeschlossen werden [1].

Als Gesichtsentdeckung wird in dieser Arbeit der computerautomatisierte Vorgang zur Entdeckung von Gesichtern in einer digitalen Abbildung bezeichnet. Einige der Schwierigkeiten sind dabei die sich verändernden Lichtverhältnisse, die unterschiedlichen Größen der Gesichter im Bild sowie die Drehung von Gesichtern. Das Hauptproblem in Bezug auf computerautomatisierte Gesichtsentdeckung stellt aber die große Variation an Gesichtern aufgrund von Herkunft und unterschiedlichen Erscheinungsbildern dar [1].

Die Gesichtserkennung wiederum setzt voraus, dass das Gesicht im vorgelagerten Entdeckungsprozess aus dem Bild extrahiert werden konnte und weiter verarbeitet werden kann. Die automatisierte Gesichtserkennung bezeichnet die Identifikation von Personen aus zuvor erlernten, abgespeicherten Gesichtern. Da zur Personenidentifikation nicht dieselben Bilder wie zur Erlernung der Gesichter vorliegen, treffen ebenfalls die zuvor genannten Probleme der Gesichtsentdeckung zu. Vor allem sind die derzeit gängigen Algorithmen auch mit Problemen wie Täuschungen durch Fotos, Manipulation von Gesichtern, Identifikation eineiiger Zwillinge oder Emotionen und Gesichtsausdrücken konfrontiert [1], [2], [3].

Die Gesichtserkennung erlebt durch soziale Netzwerke einen neuen Aufschwung, wird aber zum Teil auch schon jahrelang zur Verbrechensaufklärung eingesetzt. Vor allem im Bereich der öffentlichen Sicherheit finden immer wieder Evaluierungen und Forschungstätigkeiten statt. Die Gesichtserkennung stellt die am wenigsten aufdringliche Art der biometrischen Identifikation dar und ist zudem in Echtzeit auf große Menschengruppen anwendbar. Zukünftige Anwendungen sehen die Nutzung zur Personenidentifikation an Flughäfen, in Firmen, Banken, Gefängnissen und anderen Einrichtungen vor. Auch die Verbreitung und Verbesserung der Nutzung in der Robotik ist ein großes Thema für Gesichtserkennung [1].

In dieser Arbeit werden die derzeit gängigen Verfahren zur Gesichtsentdeckung sowie Gesichtserkennung vorgestellt und es wird jeweils ein ausgewähltes Verfahren implementiert.

---

[1] Dt. Bundesamt für Sicherheit in der Informationstechnik (2005), Studie: „Untersuchung der Leistungsfähigkeit von biometrischen Verifikationssystemen - BioP II"

Diese praktische Implementierung wird im Detail beschrieben. Aufbauend auf diese Arbeit könnte etwa ein Roboter oder ein Laborzugang mit einem Gesichtserkennungssystem ausgestattet werden.

2 Gesichtsentdeckung

Die Gesichtsentdeckung, engl. „face detection", bildet die Basis zur Erkennung bzw. Wiedererkennung von Gesichtern. Damit ein digitales System Gesichter identifizieren und somit bekannten Personen zuordnen kann, müssen zuerst biometrische Daten in Bildern oder Videoaufnahmen gefunden und aus diesen extrahiert werden. Dabei werden Bilder systematisch nach menschlichen Gesichtern untersucht und es wird die Lage (Pixelkoordinaten innerhalb des Bildes) der dabei gefundenen Merkmale gespeichert. Algorithmen zur Erkennung von Gesichtern unterscheiden sich in Suchstrategien und Erkennungsmethoden. Abbildung 1 stellt das Ergebnis einer typischen Gesichtsentdeckungsanwendung dar.

Abbildung 1 Gesichtsentdeckung

In den folgenden Unterkapiteln werden einige Verfahren zur Gesichtsentdeckung überblicksmäßig beschrieben.

2.1 Gesichtsentdeckung durch Bildreduzierung um Hintergrundinformationen

Ist der Hintergrund der zu durchsuchenden Gesichtsaufnahmen dem System bekannt, so kann durch Subtraktion dieser Hintergrundinformationen das Gesicht innerhalb des Bildes lokalisiert werden. Der Hintergrund muss vordefiniert sowie statisch sein und es darf sich nur eine Frontalabbildung eines Gesichts im Bild befinden [4].

2.2 Gesichtsentdeckung durch Farbinformationen

Des Weiteren existieren Algorithmen zur Gesichtsentdeckung, die aufgrund von Farbinformationen entscheiden, ob sich Gesichter in einer Aufnahme befinden oder nicht. Eine Unterscheidung dieser Algorithmen ergibt sich im Analysevorgang durch die in den jeweiligen Bildern verwendeten Farbräume. Es ist aber auch eine Anwendung auf Graustufenabbildungen möglich.

Bei dieser Methode wird aus dem Bild die Sättigung (Y-Achse) pro Farbton (X-Achse) berechnet (siehe Abbildung 2). Da menschliche Haut eine relativ dichte und monotone Anordnung in dieser Darstellung erzeugt, kann auf die Abbildung eines Gesichts in einer Aufnahme geschlossen werden [5].

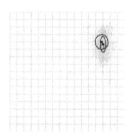

Abbildung 2 Farbraumanordnung bei Gesichtsentdeckung durch Farbinformationen [5]

Probleme bereiten bei dieser Art der Gesichtsentdeckung vor allem die zahlreichen unterschiedlichen Hautfarben in Zusammenspiel mit sich verändernden Lichtverhältnissen. Außerdem ist es problematisch, Gesichter zu entdecken, die nur relativ klein innerhalb der Aufnahme zu sehen sind. Bei dieser Methode führen unter Umständen auch gesichtsähnliche Gegenstände zur fälschlichen Entdeckung eines Gesichts [5].

Tiefergehende Informationen zu dieser Methode können in [5] nachgelesen werden. In [6] sowie in [7] werden Entdeckungen mit Farbbildern verschiedener Farbräume durchgeführt und die Ergebnisse verglichen.

2.3 Gesichtsentdeckung durch Bewegungsinformationen

Die Gesichtsentdeckung aufgrund von Bewegungsinformationen lässt sich nur mit Videoaufnahmen anwenden. Diese Methode zieht daraus Nutzen, dass sich ein Gesicht nahezu immer in Bewegung befindet.

Von Bild zu Bild wird die Differenz der korrespondierenden Pixel berechnet. Ist die Differenz größer als ein festgelegter Wert, so wird von einem neuen Bild ausgegangen. Auch der Bereich für die mögliche Bewegung wird zuvor festgelegt, um zum Beispiel bei der

Identifikation einer Person von einer im Hintergrund vorbeigehenden Person zu unterscheiden.

Diese Methode produziert zahlreiche Falschentdeckungen, da ohne eine nachgeschaltete spezifischere Gesichtsentdeckung auch andere bewegte Objekte als Gesichter erkannt werden [8].

Eine praktische Implementierung inklusive Erläuterungen wurde in [8] durchgeführt, in [9] wird zusätzlich das Auftreten des Lidschlags überprüft. Dadurch kann ein verlässlicheres Ergebnis erzielt werden.

2.4 Gesichtsentdeckung durch Geometrie

Bei der Gesichtsentdeckung aufgrund von geometrischen Informationen wird das zu untersuchende Bild derart gefiltert, dass ein binäres Bild entsteht, auf dem nur die Kanten abgebildet sind (siehe Abbildung 3). Ein Fenster vordefinierter Größe wird dann mit einem Kantenbild eines typischen Gesichts verglichen indem die Hausdorff-Distanz berechnet wird. Die Hausdorff-Distanz bezeichnet den kleinstmöglichen Abstand einer Punktemenge zu einer zweiten Punktemenge. Mit einem detaillierteren Modell der Augenpartie wird dieser Schritt wiederholt und anschließend aufgrund der Differenz entschieden, ob es sich um ein Gesicht handelt oder nicht [10].

Diese Methode zur Gesichtsentdeckung wird in [10] näher beschrieben. Es existieren auch Algorithmen, die auf Basis von 3D-Bildern und darauf aufbauenden geometrischen Vergleichen Gesichter entdecken (siehe [11]). So lässt sich der in 3.6 vorgestellte Algorithmus auch zur Gesichtsentdeckung verwenden.

Abbildung 3 Kantenbild einer Person

2.5 Viola-Jones Methode

Bei dieser Art der Gesichtsentdeckung werden Fenster fixer Größe über das gesamte Bild geschoben und es wird jeweils entschieden, ob sich innerhalb dieses Fensters ein Gesicht befindet oder nicht. Die Entscheidung erfolgt aufgrund von hinterlegten Entscheidungsschwellen, die sich auf bestimmte Regionen innerhalb des durchsuchten Fensters beziehen.

Dazu werden die Summen der Pixel jeweils innerhalb der schwarzen und weißen Markierung (siehe Abbildung 4) gebildet. Je nach zu untersuchenden Merkmalen sehen die Fenster und Markierungen für die Summierungen der Pixel anders aus.

Mittels der Differenz dieser Summen wird der bildspezifische Vergleichswert errechnet. Die hinterlegten Schwellen werden durch Training des Algorithmus sowohl mit negativen als auch mit positiven Beispielbildern erzeugt. In diesem Kontext werden Beispielbilder ohne Gesichter als negativ und umgekehrt Bilder, die Gesichter beinhalten als positiv bezeichnet.

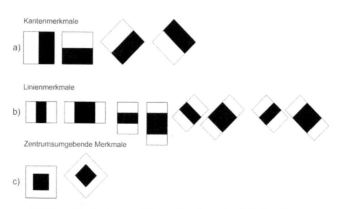

Abbildung 4 Regionsbezogene Merkmalsberechnung innerhalb eines Fensters

Die Entscheidung mittels Klassifikatoren erfolgt sequenziell. Das heißt, es wird zuerst der gröbste Klassifikator auf das zu durchsuchende Fenster angewandt und nur bei positivem Ergebnis mit den folgenden, feineren Klassifikatoren fortgefahren. Diese feineren Klassifikatoren können jeweils ebenfalls zu einem Abbruch des Entdeckungsprozesses führen. Im Falle eines negativen Ergebnisses wird das Fenster verworfen und das nächste Fenster betrachtet. Dadurch erreicht die Viola-Jones Methode Echtzeittauglichkeit (siehe Abbildung 5) [12].

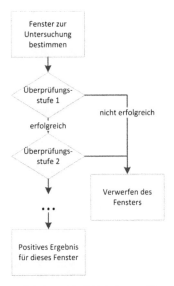

Abbildung 5 Viola-Jones: Möglichkeit des vorzeitigen Abbruchs

Für weitere Informationen zur Funktionsweise dieser Methode siehe [12]. Details zur Erzeugung der Klassifikationswerte können in [13] nachgelesen werden.

Im praktischen Teil dieser Arbeit wird diese Methode zur Gesichtsentdeckung angewandt.

3 Gesichtserkennung

Die Gesichtserkennung beschäftigt sich mit der Identifizierung von Personen aufgrund biometrischer Informationen.

Bei der Gesichtserkennung wird zwischen der Lernphase und der Erkennungsphase unterschieden. In der Lernphase erhält das System Bilder von unbekannten Gesichtern, die so weiterverarbeitet und gespeichert werden, dass ein späterer Vergleich zur Identifikation möglich ist [1].

In diesem Kapitel werden Algorithmen zur Gesichtserkennung vorgestellt und es wird deren Funktionsweise erläutert. Es werden darin jeweils unterschiedliche Arten der Merkmalsextraktion implementiert, die den Rechenaufwand der Vergleiche möglichst minimieren aber trotzdem eine hohe Erkennungsrate aufweisen.

Die Basis der Entscheidung, ob ein zu erkennendes Gesicht identifiziert werden kann, bildet in jedem der folgenden Algorithmen der Vergleich der extrahierten Merkmale mit denen der bereits bekannten Gesichter.

In den Anfängen der Gesichtserkennung wurde ein Bild etwa nach den Positionen der Augen, der Nase und des Mundes durchsucht und es wurden diese Merkmale in Relation gesetzt. Dies hatte zur Folge, dass Gesichter lediglich auf Frontalaufnahmen erkannt werden konnten und sich auch starke Abhängigkeiten zu Emotionen sowie dem Erscheinungsbild von Personen ergaben [1].

Gesichtserkennungsalgorithmen aus den 1980ern benötigten zudem eine sehr große Anzahl von Lernbildern. Diese Methoden sind daher praxisuntauglich und lediglich als Vorläufer der modernen Algorithmen anzusehen [1].

Generell ist mittels aller hier vorgestellten Gesichtserkennungsalgorithmen auch eine Gesichtsentdeckung möglich, wobei dann gegen ein allgemein gültiges Gesichtsmodell verglichen wird.

3.1 Eigenfaces

Eigenfaces, dt. Eigengesichter, ist eine auf der Karhunen-Loeve-Transformation bzw. Hauptkomponentenanalyse, engl. „Principal Component Analysis" (im weiteren Verlauf PCA genannt), basierende Methode zur Gesichtserkennung. Eigenfaces wurde von Matthew Turk und Alex Pentland am Massachusetts Institute of Technology entwickelt [1].

Durch eine Erlernung von Gesichtern mit Bildern verschiedener Ansichten wird die Gesichtserkennung bei unterschiedlichen Bedingungen ermöglicht. Als Beispiel für dieses Prinzip sei hier eine Frontalaufnahme, eine Aufnahme mit 45°-Drehung des Gesichts um die Z-Achse und eine Profilaufnahme des Gesichts genannt [1].

Eigenfaces basiert auf 2D-Gesichtsabbildungen und zielt nicht auf einen Vergleich geometrischer Informationen ab. Außerdem ist diese Variante echtzeitfähig und relativ stabil gegenüber leichten Gesichtsveränderungen [1].

3.1.1 Funktionsweise von Eigenfaces

Zur Erlernung der Gesichter werden mehrere Grauwertbilder pro Person benötigt. In [1] werden vier Bilder mit einer Größe von $N*N$ Pixeln pro Gesicht empfohlen, die sich durch Veränderungen der Emotionen und Lichtverhältnisse unterscheiden. Die absolute Anzahl der Bilder n ergibt sich somit aus

$$n = n_{persons} * n_{pictures} \tag{1}$$

wobei $n_{persons}$ die Anzahl der zu erlernenden Personen und $n_{pictures}$ die Anzahl der Bilder pro Person bezeichnet. Jedes Bild wird durch einen Punktvektor mit N^2-Dimensionen dargestellt.

Zunächst wird aus Bildern mehrerer Personen ($\Gamma 1, \Gamma 2, \Gamma 3, ... \Gamma n$) ein Durchschnittsgesicht Ψ gebildet:

$$\Psi = \frac{1}{n} * \sum_{i=1}^{n} \Gamma_i \tag{2}$$

Anschließend wird der Differenzvektor Φ jedes Bildes zu dem Durchschnittsgesicht berechnet:

$$\Phi_i = \Gamma_i - \Psi \tag{3}$$

Diese Differenzvektoren werden anschließend einer PCA unterzogen. Die PCA wird angewandt, um die Vektoren zu finden, die innerhalb der n Bilder die Verteilung der Gesichtsinformationen am besten darstellen. Das heißt, die PCA löst die Fragestellung „Welche Informationen führen zur Unterschiedlichkeit der einzelnen Gesichter?" [1], [14].

Es werden korrelierte Variablen in eine geringere Menge nicht korrelierter Variablen, die Hauptkomponenten, überführt. Die gesamte Menge der Hauptkomponenten besitzt einen beinahe unveränderten Informationsgehalt im Vergleich zum Ursprungsvektor. Der Informationsgehalt ergibt sich aus der Varianz der Datenpunkte [14].

Die Hauptkomponenten werden iterativ gesucht, beginnend bei der Geraden, deren euklidische Abstände zu den Datenpunkten minimal sind. Daraus folgt, dass die Abstände zum Datenzentrum, dem Erwartungswert, maximal werden (siehe Abbildung 6).

Abbildung 6 Auffindung der ersten Hauptkomponente aus [1]

Die zweite Hauptkomponente steht orthogonal auf die erste Hauptkomponente und stellt die zweitgrößte Varianz dar, usw.

Zur genauen Beschreibung der PCA siehe [14].

Anschließend wird für jede Person die Hauptkomponente ausgewählt, die den größten Teil der Varianz zum Durchschnittsgesicht repräsentiert, also am meisten Information enthält. Dies erfolgt mittels einer Maximum Entropie Analyse, (4).

$$max\{\lambda_k\} = \frac{1}{n} * \sum_{i=1}^{n} (u_k{}^T * \Phi_i)^2 \qquad (4)$$

In der Praxis werden die Vektoren u_k und die zugehörigen Skalare λ_k gefunden, indem die Eigenvektoren bzw. Eigenwerte der Kovarianzmatrix aller Differenzbilder berechnet werden. Dabei erfolgt die Einschränkung, dass maximal *npersons-1*–Hauptkomponenten anstatt N^2-Hauptkomponenten gefunden werden müssen (vorausgesetzt *npersons<<N²*). Dadurch wird die Echtzeittauglichkeit ermöglicht. Die Eigenvektoren u_k definieren gemeinsam mit den Eigenwerten λ_k den Gesichtsraum, engl. „face space" [1].

Da die Eigenvektoren gesichtsähnlich aussehen wurden sie in [1] als Eigenfaces bezeichnet (siehe auch selbst erzeugtes Eigenface in Abbildung 7).

----

[1] Wikipedia. (2012). Hauptkomponentenanalyse. Abgerufen am 23. 04. 2012 von http://de.wikipedia.org/wiki/Hauptkomponentenanalyse

Abbildung 7 Eigenface

Die Identifikation einer Person geschieht folgendermaßen: Das zu identifizierende Gesicht ist auf dem Bild Γ abgebildet und wird mittels

$$\omega_k = u_k^T(\Gamma - \Psi) \qquad \text{mit } k=1,..., npersons-1 \qquad (5)$$

in seine Eigenface-Komponenten, ω_k („Gewichte") zerlegt. Dadurch ergibt sich der Vektor Ω^T der ω_1 bis $\omega_{npersons-1}$ enthält. Dieser Arbeitsschritt wurde davor auch mit jedem Bild der bekannten Gesichter durchgeführt. Anschließend wird die Gesichtsklasse gesucht, deren Gewichtsvektor Ω_k am geringsten von Ω des zu erkennenden Gesichts entfernt ist. Dieser Vergleich basiert auf der Berechnung des euklidischen Abstands zu jeder Gesichtsklasse:

$$e_k^2 = \|\Omega - \Omega_k\|^2 \qquad \text{mit } k=1,..., npersons-1 \qquad (6)$$

Befindet sich e_k unter einer bestimmten Entscheidungsschwelle, so wird das Gesicht als bekannt eingestuft. Die konkrete Zuordnung erfolgt zu der Person bei der der Ω-Vergleich das geringste e_k^2 ergibt [1].

Im praktischen Teil dieser Arbeit wird die Eigenface-Methode zur Gesichtserkennung verwendet.

3.2 Fisherfaces

Ähnlich wie Eigenfaces transformiert auch Fisherfaces die hochdimensionalen Bildvektoren in einen niederdimensionalen Unterraum mit dem Ziel, die wesentlichen Informationen zur Gesichtserkennung darin kompakt abzubilden. Fisherfaces verwendet anstatt der PCA die Fisher Linear Discriminant Analysis (im weiteren Verlauf FLD genannt), die sich bei Erfüllung einiger Vorbedingungen identisch zur Diskriminanzanalyse, engl. „Linear Discriminant Analysis", verhält.

17

Fisherfaces wurde an der Yale University entwickelt und wies bei Versuchen mit relativ geringen Datenmengen eine höhere Erkennungsrate als Eigenfaces auf [15].

3.2.1 Funktionsweise von Fisherfaces

Bei Eigenfaces wird die Varianz aller Bilder zueinander, also auch innerhalb einer Gesichtsklasse, gespeichert. Eine Gesichtsklasse umfasst sämtliche Bilder derselben Person. Die Streuung innerhalb einer Gesichtsklasse bringt keinen Mehrwert für die Klassifikation sondern erschwert es dem Algorithmus, eine eindeutige Zuordnung zu treffen. So führen zum Beispiel Lichtveränderungen und andere äußerliche Bildeinflüsse zu einer größeren Streuung als ein anderes Gesicht.

Im Gegensatz dazu ist die Fisherfaces-Methode bestrebt, die Streuung zwischen den unterschiedlichen Gesichtsklassen zu maximieren, um so eine höhere Erkennungsrate zu erreichen.

Bei der Erlernung von neuen Gesichtern wird dem System mitgeteilt, welche Abbildung zu welchem Gesicht bzw. zu welcher Person gehört. Diese Information wird dazu genutzt, um klassenspezifische lineare Transformationen zur Dimensionsreduktion durchzuführen. Die FLD verstärkt dabei die Streuung zwischen den Gesichtsklassen durch Maximierung des Verhältnisses von klasseninterner Streuung zur Streuung zwischen den Klassen. Der Maximum Entropie-Algorithmus wird also nicht auf Gesichtsbilder- sondern auf Gesichtsklassenebene angewandt. Die Bandbreite innerhalb einer Gesichtsklasse wird so mitunter geringer, der Abstand zwischen den einzelnen Gesichtsklassen aber größer.

In (7) wird die gesamte Streuung zwischen den Klassen berechnet. Dabei stellen μ_i das Durchschnittsbild der jeweiligen Klasse, c die Gesamtanzahl der Klassen, N_i die Bilderanzahl der jeweiligen Klasse und μ das klassenübergreifende Durchschnittsbild aller Klassen dar.

$$S_B = \sum_{i=1}^{c} N_i * (\mu_i - \mu) * (\mu_i - \mu)^T \qquad (7)$$

In (8) wird die gesamte klasseninterne Streuung berechnet, wobei x_k die jeweiligen Einzelbilder der Klassen bezeichnet.

$$S_W = \sum_{i=1}^{c} \sum_{xk \in Xi} (x_k - \mu_i) * (x_k - \mu_i)^T \qquad (8)$$

Mit W wird folgend der Transformationsvektor einer Beispielgesichtsklasse bezeichnet. W_{opt} stellt die optimale Transformationsmatrix für die Bildvektoren einer Gesichtsklasse in den niederdimensionalen Raum dar.

$$W_{opt} = \arg\max \frac{|W^T * S_B * W|}{|W^T * S_W * W|} \tag{9}$$

Gleich dem Eigenface-Algorithmus sind maximal *c-1* relevante Vektoren vorhanden.

Abbildung 8 zeigt den Vergleich von FLD und PCA bei Transformation von Datenpunkten aus dem 2D-Raum in den 1D-Raum. Die unterbrochenen Linien stellen jeweils den PCA- bzw. FLD-1D-Raum dar. Es ist klar erkennbar, dass die PCA zwar eine insgesamt größere Streuung erreicht, sich die verschiedenen Klassen aber vermischen. Die FLD erreicht eine größere Streuung zwischen den Klassen und die Daten sind weiterhin linear trennbar [15].

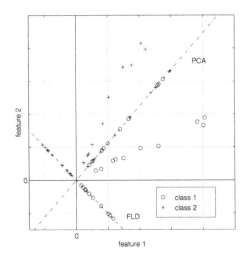

Abbildung 8 Vergleich von FLD und PCA aus [15]

Praktisch wird vor (8) noch die PCA auf die Bilder angewandt, um zu verhindern, dass (8) einen Wert gleich 0 ergeben kann. Dabei werden die *c-1* Hauptkomponenten entfernt. Da die Darstellung dieses minimierten Vektors einem Gesicht ähnelt, werden diese Gesichts-abbildungen Fisherfaces genannt [15].

Abbildung 9 Beispiel eines Fisherface aus [15]

3.3 Gesichtserkennung durch Unabhängigkeitsanalyse

Ähnlich zu Fisherfaces unterscheidet sich diese Methode zu Eigenfaces darin, dass in der nachgelagerten weiteren Bearbeitung der Eigenvektoren eine zusätzliche Komponenten-analyse stattfindet.

Die Unabhängigkeitsanalyse, engl. „Independent Component Analysis" (im weiteren Verlauf ICA), ist eine Generalisierung der PCA und wird zur Verbesserung der Erkennungsrate bei Gesichtsveränderungen eingesetzt [16].

3.3.1 Funktionsweise

Die PCA findet lineare Korrelationen in den Bilddaten und drückt diese mittels der unkorrelierten Eigenvektoren aus. Im Gegensatz dazu konzentriert sich die ICA auch auf Beziehungen höherer Ordnung zwischen den Daten. Damit sind Beziehungen auf Basis des Phasenspektrums gemeint. Das Phasenspektrum stellt auch die Basis für die menschliche Wahrnehmung von Gesichtern dar. Die PCA analysiert lediglich das Amplitudenspektrum. In Abbildung 10 werden Gesichtsabbildungen mit zugehöriger Amplitudeninformation und vertauschter Phaseninformation rekonstruiert [16].

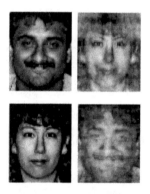

Abbildung 10 Rekonstruktion von Bildern mit jeweils anderer Phase aus [16]

Da bei einer Bildanzahl n auch n unabhängige Komponenten gefunden werden und dies relativ rechenaufwändig ist, wird zunächst eine Untermenge von Bildern einer PCA unter-zogen. Aus dem Ergebnis der PCA werden die m ersten Eigenvektoren und Eigenwerte zur weiteren Verarbeitung herangezogen. Die Anzahl m wird je nach erforderlicher Genauigkeit erhöht. Abhängigkeiten höherer Ordnung gehen bei der PCA nicht verloren. Mit Hilfe der ICA wird anschließend eine Projektionsmatrix ähnlich dem Vorgang bei Fisherfaces erzeugt. Näheres dazu in [16].

In [16] wird zudem nicht mittels der euklidischen Distanz klassifiziert, sondern über die Winkelgröße zwischen den Datenpunkten. Die Winkelberechnung erfolgt über den Cosinussatz.

Im Vergleich zu Eigenfaces lieferte die ICA-basierte Gesichtserkennungsmethode bessere Ergebnisse im Hinblick auf Veränderungen in Gesichtern [16].

In [17] wird erwähnt, dass auch die Fisherfaces-Erkennungsrate zumindest bei Nutzung einer Testgesichtsdatenbank unter den ICA-Ergebnissen bleibt. Dies resultiert daraus, dass PCA und FLD dazu neigen, die zu erlernenden Gesichter zu spezifisch zu beschreiben.

3.4 Hidden Markov Model

„Hidden Markov Models" (im weiteren Verlauf HMM) beschreiben in der Gesichtserkennung einen Wahrscheinlichkeitsprozess mit Zuständen, Übergangswahrscheinlichkeiten und Ausgängen (ähnlich einer Zustandsmaschine) [18].

Gesichtserlernung

Jede Person wird mittels eines HMM in der Gesichtserkennungsdatenbank gespeichert. In [18] werden pro Gesicht fünf Trainingsbilder verwendet. Zunächst werden die Trainings-abbildungen in Blöcke geteilt, die die markanten Gesichtspunkte wie Haare, Stirn, Augen, Nase und Mund beinhalten (siehe Abbildung 11).

Anschließend wird jeder Block einer diskreten Kosinustransformation im 2D-Raum unterzogen. Als Ergebnis erhält man daraus die Koeffizienten von Kosinusfunktionen zur Reproduktion der Grauwerte eines Blocks. Aus diesen Koeffizienten werden nur die der niederfrequentesten Funktionen gespeichert und daraus wird ein HMM gebildet.

Das Modell wird anschließend mittels eines Expectation-Maximization-Algorithmus neu parametriert bis die Differenz des vorausgesagten Werts des HMM und des realen nächsten Werts kleiner einer festgelegten Schwelle ist [18].

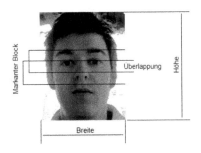

Abbildung 11 Untersuchung eines Gesichts mit HMM

Gesichtserkennung

Zur Erkennung eines Gesichts wird der Ausgang des HMM analog zur Gesichtserlernung berechnet und mit den gespeicherten Werten verglichen. Es wird das Gesicht ausgewählt, mit dessen HMM die maximale Übereinstimmung erreicht wird und zusätzlich ein bestimmter Schwellwert überschritten wird. Der Schwellwert dient zur Abwendung von Falschidentifikationen unbekannter Personen [18].

Testergebnisse

Gegenüber Eigenfaces kann mit HMM vor allem bei verschiedenen Gesichtsausrichtungen eine gesteigerte Erkennungsrate erzielt werden. Hierbei ist zu beachten, dass die Rotation des Gesichts um die Z-Achse nicht zu groß sein darf, es sich also trotzdem um eine Frontalabbildung handelt [18].

3.5 Elastic Bunch Graph Matching

Elastic Bunch Graph Matching (im weiteren EBGM genannt) bezeichnet eine Methode zur Gesichtserkennung, die Bunch Graphs verwendet. Dabei werden Graphen auf das Gesicht gelegt und die markanten Punkte durch sogenannte Jets gekennzeichnet. Die Positionen der markanten Punkte sind in jedem Gesicht mit Berücksichtigung einer gewissen Toleranz gleich. Die verschiedenen Jets aller erlernten Gesichter werden in einem Bunch zusammengefasst [19].

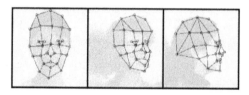

Abbildung 12 Aufbau eines Graphen zur Gesichtsbeschreibung bei EBGM aus [19]

3.5.1 Funktionsweise

Ein Jet bezeichnet eine geringe Menge an Grauwerten rund um ein definiertes Pixel. Jets basieren auf einer Gabor-Transformation, einer lokalisierten Fourier-Transformation.

Die herkömmliche Fourier-Transformation enthält keine Informationen über den Auftrittsort bzw. Auftrittszeitpunkt von Frequenzen. Daher wird eine zusätzliche, üblicherweise schnell auf 0 abfallende Funktion g integriert, die eine Lokalisierung ermöglicht [19].

$$G_f(\omega, \tau) = \int_{-\infty}^{\infty} f(t) * g(t - \tau) * e^{-i\omega t} * dt \qquad (10)$$

In (10) bezeichnet ω die Frequenz und τ bezeichnet die Zeitverschiebung. Mit τ werden die gefundenen Frequenzen lokalisiert. Die Besonderheit der Gabor-Transformation ist, dass g gleich einer Gauß-Funktion gesetzt wird [19].

$$g(t) = \frac{1}{2 * \sqrt{\pi * \varsigma}} * e^{\frac{-t^2}{4*\varsigma}} \tag{11}$$

Diese Gabor-Transformation entspricht einer Wavelet-Transformation, da zur Merkmals-extraktion eine „Mutter-Wavelet" so gestreckt und rotiert wird, dass sie den Werten des zu untersuchenden Bildpunktes entsprechen. Zur Berechnung der Koeffizienten werden in [19] fünf Frequenzwerte sowie acht Orientierungen vorgegeben. Daraus ergeben sich 40 zu berechnende Koeffizienten die zusammen einen Jet bilden. Die Sammlung mehrerer Jets und Information über die relative Position ergeben einen Graph [19].

Ein Jet kann mathematisch durch (12) abgebildet werden. Wobei a_j den Betrag und $\varPhi_j$ die Phase angibt.

$$J = \sum_{j=1}^{n} a_j * e^{i*\varPhi_j} \tag{12}$$

Abbildung 13 stellt einen Jet und einen Gesichtsgraphen mit den an den Knoten positionierten Jets dar. Im Beispiel werden drei Frequenzen und vier Orientierungen berücksichtigt.

Abbildung 13 Jet und Gesichtsgraph aus [19]

Vorteil der Verwendung der Gabor-Transformation ist unter anderem die Robustheit gegenüber Helligkeits- und Kontrastveränderungen [19].

Gesichtsdarstellung mittels Graphen

Die markanten Gesichtspunkte, die mittels Jets ausgewertet werden, müssen definiert werden. In [19] wurden unter anderem zum Beispiel die Pupillen, die Nasenspitze und die Mund-winkel als solche Punkte festgelegt.

Ein zugeordneter Graph besteht aus Knoten an den definierten Punkten und aus Linien, die diese Knoten verbinden. Zusätzlich wird die Länge dieser Linien gespeichert [19].

Um die markanten Punkte in neuen Gesichtern aufzufinden, ist ein Face Bunch Graph (im weiteren Verlauf FBG) zu erzeugen. Dieser FBG besteht aus den Jets und den Abstandsinformationen zwischen verbundenen Jets von menschlichen Modellen mit möglichst unterschiedlichen Gesichtern. Der FBG dient als Basis für die Erkennung und Erlernung von Gesichtern und muss initial manuell erzeugt werden [19].

Wenn nun ein neues Gesicht mit dem FBG verglichen wird, so werden die Jets bestimmt, die das Gesicht am besten beschreiben. Diese Jets werden „local experts" genannt. Die Auswahl der Jets erfolgt unabhängig, kann also auch eine Mischung mehrerer Modellgesichter sein. In Abbildung 14 sind die „local experts" des FBG für ein zu erlernendes Beispielgesicht grau markiert [19].

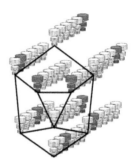

Abbildung 14 Face Bunch Graph aus [19]

Falls mehrere Gesichtsorientierungen zur Erkennung zur Verfügung stehen sollen, ist für jede dieser Orientierungen ein FBG zu erzeugen [19].

Elastic Bunch Graph Matching zur Neuerstellung von Graphen

Sobald ein FBG besteht, können neue Graphen automatisch durch EBGM generiert werden. Zur Auffindung der „local experts" wird die maximale Ähnlichkeit der Graphen, engl. „graph similarity", berechnet.

$$S_B(G^I, B) = \frac{1}{N} \sum_n \max\left(S_\Phi(J_n^I, J_n^{Bm})\right) - \frac{\lambda}{E} * \sum_e \frac{(\Delta x_e^I - \Delta x_e^B)^2}{(\Delta x_e^B)^2} \tag{13}$$

In Tabelle 1 werden die Variablen bzw. die Funktion S_Φ aus (13) beschrieben.

Variablenname	Bedeutung
G_I	Graph eines Bildes

B	FBG
$n=1...N$	Knotenanzahl
$e=1...E$	Kantenanzahl
$m=1...M$	Anzahl der Modellgraphen im FBG
λ	Gewichtungsfaktor der Metrikinformationen
J_n	Jets an den N Knoten
Δx_e	Distanzen zwischen Knoten
S_Φ	Ähnlichkeitsfunktion mit Berücksichtigung der Phaseninformation (siehe [19])

Tabelle 1 Erläuterung der Formelzeichen aus (13)

(13) findet also zunächst für jeden Jet aus dem neuen Bild den möglichst ähnlichen Jet des FBG und normalisiert die Summe der Jets durch Division mit der Knotenanzahl. Davon wird die gewichtete Summe der relativen Knotenabstände subtrahiert. Als Ergebnis liegt das Maß für die Ähnlichkeit des neuen Graphen mit dem FBG S_B vor. Dieses Ergebnis wird dazu verwendet, um die markanten Punkte zu finden und anschließend einen Graphen des neuen Gesichts zu extrahieren [19].

Um obige Formel aufgrund der iterativen Ausführung echtzeitfähig zu halten wird auf einen heuristischen Suchalgorithmus zurückgegriffen. Das auf dem Gesicht liegende Gitternetz wird dabei solange verschoben bis eine maximale Deckungsgleichheit mit dem FBG besteht. Anschließend wird der Graph für die Erkennung des Gesichts herangezogen [19].

Erkennung

Zur Gesichtserkennung wird der zuvor entstandene Graph mit den bestehenden Graphen der Gesichter in der Datenbank verglichen. Hierzu wird wieder die Ähnlichkeitsfunktion S herangezogen. Feldversuche in [19] belegen, dass die sensitive Phaseninformation hier den Vergleich erschweren würde und daher nicht berücksichtigt wird.

In [19] werden EBGM-Tests mit verschiedenen Gesichtsdatenbanken durchgeführt. Dabei wurde unter anderem festgestellt, dass Probleme bei der Lokalisierung der markanten Punkte bei Bartträgern bestehen. Außerdem konnte die Erkennungsrate lediglich bei Frontalabbildungen akzeptable Ergebnisse erzielen [19].

3.6 3D Morphable Model

Die Gesichtserkennung mittels eines „Morphable Models" kann auf 2D Bilder angewandt werden. Diese relativ neuartige Methode zur Gesichtserkennung wird in [3] erstmals

eingehend vorgestellt und wurde an der Universität Siegen entwickelt. Engl. „Morphing"
steht für die möglichst realistische Überführung eines Quellbildes in ein Zielbild.

3.6.1 Funktionsweise

Ähnlich dem FBG aus EBGM wird in diesem Algorithmus ein Repertoire an Gesichtern mit
möglichst großer Variation dazu genutzt, ein Durchschnittsgesicht abzubilden [3].

Basismodellbildung

Die Formen sowie Texturen und Farben der Modellgesichter werden mittels 3D-
Laserscannern aufgenommen und je Gesicht zu Vektoren S_i bzw. T_i zusammengefasst.
Anschließend erfolgt die Berechnung der Durchschnittsvektoren S und T [3].

$$S = \sum_{i=1}^{m} a_i * S_i \qquad T = \sum_{i=1}^{m} a_i * T_i \tag{14}$$

Mittels PCA werden die Gesichtsvektoren S_i und T_i in ihre Eigenvektoren transformiert, um
die Größe und die damit eingehende Komplexität zu verringern. In [3] werden 75972
Gesichtspunkte mittels des 3D-Scanners analysiert, was zu Vektoren mit Länge 227916 (X-,
Y-, Z-Koordinaten) führt.

$$S = \mu_s + \sum_{i=1}^{m} \alpha_i * s_i \qquad T = \mu_T + \sum_{i=1}^{m} \beta_i * t_i \tag{15}$$

Anschließend wird aus den Eigenvektoren ein Modell erstellt, dass die Information aller
Gesichter enthält. Das Modell wird so lange neu berechnet, bis die Differenz zu den
ursprünglichen Abbildungen minimal wird. Dazu werden α und β pro Gesicht neu
parametriert und gespeichert. Blanz, [3] verwendet für dieses Modell 200 Gesichtsabbildungen.

Gesichtserlernung

Es können nun beliebige Gesichter mittels Linearkombinationen aus dem Modell (ähnlich
Gesichtserlernung mittels FBG bei EBGM) nachgebildet werden. Hierfür wird zunächst die
Lage (Rotation, Translation, Maßstab) eines Gesichts in einer 2D-Aufnahme bestimmt.
Anschließend werden aus dem 3D-Modell die Linearkombinationen gesucht, die das Gesicht
am besten darstellen und die Parameter α und β bestimmt [3].

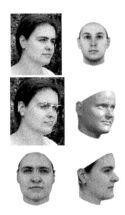

Abbildung 15 Modellierung eines neuen Gesichts aus [3]

Gesichtserkennung

Liegt eine Gesichtsabbildung zur Identifikation vor, so wird das Gesicht durch das Basismodell nachgebildet. Dabei werden die Koeffizienten α und β berechnet, die zum Vergleich mit bestehenden, erlernten Gesichtern herangezogen werden. Durch verschiedene Ansichten und Rundungsfehler bei der Modellierung entstehen mitunter unterschiedliche Koeffizienten. Das Modellgesicht mit maximaler Übereinstimmung in α und β wird als Zielperson ausgewählt.

Die Erkennungsrate dieser Methode liegt bei 95,9% auf der FERET-Datenbank unter Nutzung von Bildern verschiedener Ausrichtungen und Lichtverhältnisse [3].

3.7 3D Face Recognition

Im Unterschied zur Methode „Morphable Model" verwendet dieser in [2] vorgestellte Gesichtserkennungsalgorithmus zur Erlernung keine 3D-Scanner sondern lediglich herkömmliche Kameras und 2D-Bilder. Die benötigte Tiefeninformation wird durch Stereoskopie bezogen. Diese Methode der 3D-Gesichtserkennung wurde am Technion - Israel Institute of Technology entwickelt und wird in [2] eingehend beschrieben.

3.7.1 Funktionsweise

Diese Gesichtserkennungsmethode baut im Gegensatz zu den bisher vorgestellten Herangehensweisen darauf auf, dass für die Identität einer Person die 3D-Gesichtsfläche und nicht die Gesichtstextur ausschlaggebend ist. Die menschliche Wahrnehmung basiert auf der Gesichtstextur, wodurch beispielsweise eineiige Zwillinge ident erscheinen. Der vorgestellte Algorithmus wurde auf diese Form des Zwillingspaares getestet und identifiziert die Personen aufgrund der emotionslosen Flächenorientierung richtig [2].

27

Gesichtserlernung

Zunächst wird das Bild samt der 3D-Informationen mit einem Stereoskop aufgenommen. In [2] ist die Position des Gesichts zur Erkennung fest bestimmt. Aufnahmen verschiedener Ansichten würden mehrere Stereoskope verlangen.

Zunächst wird der Hintergrund entfernt. Bildfehler und Ungenauigkeiten werden mittels Interpolation angepasst.

Abbildung 16 Entfernung der Hintergrundinformationen aus [2]

Anschließend wird die Gesichtsfläche geglättet. Damit werden nicht benötigte Texturfeinheiten beseitigt.

Abbildung 17 Glättung der Texturen aus [2]

Als nächsten Schritt werden markante Gesichtspunkte gefunden und daraus Relationen hergestellt. Diese markanten Punkte kennzeichnen ein individuelles Gesicht. Die Gesichtsabbildung wird anschließend in eine geodätische Maske transformiert (siehe Abbildung 18). Die geodätische Maske enthält ausschließlich Tiefeninformationen. Diese Maske enthält mit 2500 bis 3000 Gesichtspunkten ca. 35% der ursprünglich vorliegenden Information [2].

Abbildung 18 Geodätische Gesichtsmaske aus [2]

Mittels multidimensionaler Skalierung wird die emotionsinvariante Maske komprimiert und die entstehende Normalform zur Gesichtsdarstellung gespeichert. Die multidimensionale Skalierung, auch Ähnlichkeitsstrukturanalyse genannt, ordnet die Normalform so an, dass der Unterschied zur geodätischen Maske minimal wird [2].

Gesichtserkennung

Beim Identifikationsvorgang wird analog zur Gesichtserlernung die Normalform bzw. kanonische Form des Gesichts berechnet und mit den gespeicherten Normalformen verglichen. Folgend seien X_1' und X_2' zwei kanonische Gesichtsformen der Personen S_1 und S_2, die während des Identifikationsprozesses miteinander verglichen werden:

$$d(S_1, S_2) = \sum_{p+q+r \leq P} (\mu_{pqr}(X_1') - \mu_{pqr}(X_2'))^2 \tag{16}$$

Dabei stellen die μ_{pqr}-Vektoren die Momente, also Erwartungswerte, bis zur maximal betrachteten Ordnung P (P gleich fünf in [2]) dar. Die Identifikation wird mit der Person der Datenbank durchgeführt, bei deren Vergleich die euklidische Distanz minimal wird.

Abbildung 19 Kanonische Form zur Gesichtsdarstellung aus [?]

Der Algorithmus konnte bei Tests mit einer Testdatenbank bestehend aus 30 Personen und großen Variationen in der Gesichtserscheinung eine Erkennungsrate von 100% vorweisen. Im Vergleich dazu erreichte die Eigenfaces-Implementierung 65% [2].

3.8 Vergleich

Obwohl standardisierte, frei erhältliche Gesichtsdatenbanken wie die FERET-Database, die Yale-Database oder die ORL-Database existieren und diese auch vorzugsweise in Publikationen zur Evaluierung der Gesichtserkennungsalgorithmen verwendet werden, ist kein verlässlicher Vergleich zwischen den Algorithmen möglich. Es werden meist nur Auszüge der Datenbanken oder eigene Datenbanken verwendet.

3.9 Leistungssteigernde Erweiterungen

Eine Leistungssteigerung der vorgestellten Algorithmen zur Gesichtserkennung kann durch Kombination oder Verschachtelung der Algorithmen untereinander erfolgen. Dies wird vor allem zur Abwendung von Falschidentifizierungen angewandt, kann aber mitunter die Erkennungsrate senken [4], [1].

Außerdem sind als Erweiterungen für die Methoden Eigenfaces und Fisherfaces Kernel-Methoden gebräuchlich, die Kernel-Funktionen verwenden um die Datenbetrachtung höherdimensional durchzuführen. Für Details siehe [20].

Zur Steigerung der Erkennungsrate eines Algorithmus kann ein Bayes'sches Netz zum Vergleich mit der Gesichtsdatenbank implementiert werden. Bayes'sche Netze treffen aufgrund bekannter statistischer Zusammenhänge Aussagen über zukünftige Wahrscheinlichkeiten. Dieses Prinzip wird in seiner einfachsten Form auch bei „Hidden Markov Models" verwendet [18].

4 Verwendete Hardware

In diesem Kapitel wird die im praktischen Teil dieser Arbeit verwendete Hardware beschrieben und die Aspekte bei der Auswahl dieser werden erläutert.

4.1 Kameraauswahl

Die Bildaufnahme spielt bei der Gesichtsentdeckung sowie Erkennung eine wesentliche Rolle. Die Hardware muss bezogen auf das Anwendungsgebiet ausgewählt werden.

Für Labor- und Testzwecke ist die verwendete Microsoft LifeCam Studio geeignet. Für die Gesichtsabbildungen selbst reicht eine Auflösung von 92x112 Pixel, wie sie zum Beispiel die Facial Recognition Technology (FERET) Database verwendet. Es ist aber zu beachten, dass zum Beispiel in einem Szenenbild ein Gesicht herausgeschnitten werden muss und auch dann die Auflösung 92x112 Pixel bei hoher Detailtreue betragen sollte (für geeignete Bilder siehe Abbildung 20). Die maximale Auflösung der verwendeten Webcam beträgt 1280x720 Pixel.

Die Kamera wird über USB 2.0 an den PC angeschlossen. Die Kommunikation erfolgt über den mitgelieferten Microsoft LifeCam-Treiber. Diese Webcam wurde ausgewählt, da sie bereits in einer vorhergehenden Arbeit mittels eines eigenen Programms angesprochen wurde und qualitativ gute Bilder liefert.

4.2 Workstation-Auswahl

Die Workstation-Auswahl ist bezogen auf das Anwendungsgebiet durchzuführen. So steigt mit der Größe der Gesichtsdatenbank der Rechenaufwand zur Identifikation einer Person linear an. Auch der gleichzeitige Aufruf von mehreren Erkennungsprozessen erhöht die benötigten Rechenressourcen linear. Zudem ist trotz unterschiedlichster Optimierungen in den Algorithmen auch die Methodenauswahl zur Gesichtserkennung ein entscheidender Faktor für die zu verwendenden Hardware-Ressourcen.

Bei der Nutzung von Gesichtsdatenbanken für Testversuche, wie im praktischen Teil, ist eine aktuelle Hardware ausreichend. Der hier eingesetzte PC verwendet eine Intel Core i5 CPU mit 2 Kernen (jeweils 2,53 GHz) und 3GB DDR3-Arbeitsspeicher.

Auf der verwendeten Workstation läuft Windows 7 Enterprise als Betriebssystem.

5 Software

In diesem Kapitel wird die auf der Open Computer Vision (im weiteren Verlauf OpenCV) Bibliothek basierende C++-Implementierung einer Software zur Gesichtsentdeckung und – Erkennung beschrieben. Die OpenCV-Bibliothek wird in der Version 2.3.1 in das Projekt eingebunden.

Für weitere Informationen zum OpenCV-Projekt siehe [1], zur Installation auf einem PC siehe [2].

5.1 Auswahl der Programmiersprache und Bibliotheken

Damit die Software betriebssystemunabhängig ist und in einem Nachfolgeprojekt eine Portierung auf ein Embedded-System möglich ist, wurde C++ als Programmiersprache gewählt.

OpenCV wird genutzt, da diese in C geschriebene Open Source Grafikbibliothek bereits viele Methoden der Bildverarbeitung und insbesondere zur Realisierung eines Gesichtserkennungssystems bereitstellt. Zudem ist genügend Dokumentation in ansprechender Qualität vorhanden.

5.2 Gesichtsentdeckung

In diesem Abschnitt wird der Prozess der Gesichtsentdeckung der Softwareimplementierung beschrieben.

Die Software zur Entdeckung von Gesichtern wurde aus [21] übernommen und angepasst.

5.2.1 Bildaufnahme

Mittels der Klasse CCam können Bilder von angeschlossenen Webcams aufgenommen werden. Diese Klasse benötigt folgende OpenCV-Headerdateien:

```
#include <cv.h> //OpenCV base class
#include <highgui.h> //for visualizing and video capturing
```

Listing 1 Einzubindende OpenCV-Bibliotheken zur CCam-Nutzung

---

[1] OpenCV. (2011). OpenCV - Wiki. Abgerufen am 04. 01. 2012 von http://opencv.willowgarage.com

[2] OpenCV. (2011). OpenCV - InstallGuide. Abgerufen am 01. 01. 2012 von http://opencv.willowgarage.com/wiki/InstallGuide

Die Initialisierung der Klasse CCam und die Aufnahme eines Bildes in die Variable frame sind in Listing 2 dargestellt.

```
Mat frame;
CCam *myCam=new CCam(0);
myCam->initCamResolution(92,112);
frame = myCam->getImg();
```

Listing 2 Initialisierung und Verwendung von CCam

Es wird ein Objekt der Klasse CCam erstellt und darauffolgend werden die Werte für die Bildauflösung gesetzt. Über die Methode getImg() wird ein Bild aufgenommen und in die zuvor deklarierte Variable frame gespeichert.

5.2.2 Bildvorbereitung

Da die Gesichtsentdeckung auf Grauwertbildern basiert erfolgt zunächst die Umwandlung des Farbbildes in den 8-Bit-Farbraum mittels der Funktion cvtColor(src, dst, code).

```
Mat frame_gray;
cvtColor( frame, frame_gray, CV_BGR2GRAY );
```

Listing 3 Farbraumkonvertierung

Die Qualität der Darstellung wird für die weitere Verarbeitung gesteigert, indem die Helligkeit normalisiert und der Kontrast erhöht wird. Dies geschieht über die Normalisierung des Histogramms der Abbildung.

```
equalizeHist( frame_gray, frame_gray );
```

Listing 4 Helligkeitsnormalisierung und Kontrasterhöhung

5.2.3 Gesichtsmerkmalsentdeckung

Zur Gesichtsentdeckung im vorbereiteten Bild wird zunächst ein CascadeClassifier definiert. Mittels dieses „Classifiers" erfolgt die Prüfung in mehreren Stufen. Nach jeder Prüfungsstufe kann der Abbruch erfolgen (siehe 2.5, Abbildung 5). Mit dem Aufruf der Methode load werden vordefinierte Parameter aus einer XML-Datei geladen. Diese XML-Datei enthält Schwellwerte und zulässige Summenwerte des Viola-Jones-Algorithmus. Die Werte wurden durch Training des CascadeClassifier mittels der Methode train erzeugt. Für dieses Versuchsprogramm wurden die mit der OpenCV-Bibliothek ausgelieferten Werte verwendet.

```
CascadeClassifier face_cascade;
face_cascade.load("haarcascade_frontalface_alt.xml");
std::vector<Rect> faces;
```

33

```
face_cascade.detectMultiScale( frame_gray, faces, 1.1, 2,
0|CV_HAAR_SCALE_IMAGE, Size(30, 30) );
```

Listing 5 Merkmalsextraktion und Gesichtsentdeckung

Die Methode detectMultiScale durchsucht eine Quellabbildung (frame_gray) und speichert die gefundenen Objekte in einem Vektor des Typs Rect. Der OpenCV-Datentyp Rect beinhaltet die Koordinaten des linken oberen Ecks des Objekts sowie dessen Breite und Höhe in Pixel.

```
face_cascade.detectMultiScale(const Mat& image,
vector<Rect>& objects, double scaleFactor=1.1, int
minNeighbors=3, int flags=0, Size minSize=Size()
```

Listing 6 Funktionsprototyp detectMultiScale()

Der Parameter scaleFactor definiert, um welchen Faktor die Abbildung bei der iterativen Durchsuchung mittels Fenstern bei jedem Schleifenbeginn verkleinert wird (dadurch erscheint das zu durchsuchende Fenster größer). In Listing 5 wird scaleFactor mit dem Standardwert belegt. Durch Angabe des Optimierungsparameters CV_HAAR_SCALE_IMAGE wird die Abbildung und nicht das Fenster skaliert. Dieses Verhalten wirkt sich positiv auf die Leistung des Algorithmus aus.

Dadurch, dass die nach Gesichtern zu durchsuchenden Fenster in verschiedenen Größen mehrmals über das Bild „geschoben" werden, wird jedes vorhandene Gesicht mehrmals detektiert. Mit dem Parameter minNeighbors lässt sich festlegen, in wie vielen angrenzenden Fenstern das Gesicht mindestens gefunden werden muss, damit es in den Vektor faces aufgenommen wird.

Der Parameter minSize gibt an, ab welcher Größe Objekte erkannt werden. Kleinere Gesichter werden ignoriert [22].

5.2.4 Kennzeichnung

Um das entdeckte Gesicht wie in Abbildung 1 (Abschnitt 2) zu kennzeichnen, wird ein Rahmen um das sich im Vektor faces befindende Gesicht gelegt. Dazu werden die Punkte links oben und rechts unten eines Rechtecks relativ zu den gefundenen Gesichtskoordinaten festgelegt. Die Multiplikatoren wurden empirisch bestimmt.

```
Point left( faces[i].x - (int)(faces[i].width*0.1),
faces[i].y - (int)(faces[i].height*0.3));
Point right( faces[i].x + (int)(faces[i].width*1.1),
faces[i].y + (int)(faces[i].height*1.2));
```

```
rectangle(frame,left,right,Scalar( 255, 13, 66 ),10);
```

Listing 7 Gesichtskennzeichnung in einer Abbildung

Anschließend wird mit der Funktion `rectangle()` das Rechteck in das Bild `frame` eingefügt. Mittels der `Scalar()`-Funktion wird ein RGB-Wert für die Farbkennzeichnung erzeugt und abschließend die Linienstärke angegeben.

Dadurch, dass die Koordinaten rund um den Kopf der Person bekannt sind, kann die Gesichtsabbildung extrahiert werden. Somit ist es für den anschließenden Erkennungs- algorithmus möglich, dieses Bild zur Erkennung oder Erlernung zu verwenden. Mit entsprechender Datenschutzberücksichtigung könnte dieses Bild auch in eine Gesichts- datenbank aufgenommen werden. Für die Gesichtserkennung ist es wichtig, dass alle Bilder dieselbe Größe besitzen, dies wird mittels Listing 8 erreicht.

```
resize(img_roi, faceImg, Size( faceImg.cols,
faceImg.rows));
```

Listing 8 Größentransformation der Gesichtsabbildung

Hierbei stellt `img_roi` das Ausgangsbild und `faceImg` das Zielbild dar. Die `Size`-structure beinhaltet die angestrebte Größe. In Abbildung 20 ist ein Set an extrahierten Gesichts- abbildungen dargestellt [23].

Abbildung 20 Bildset zur Verwendung in der Gesichtserkennung

5.3 Gesichtserkennung

Aufbauend auf den in 5.2 beschriebenen Gesichtsentdeckungsprozess wird in diesem Unter- kapitel der Vorgang der Gesichtserkennung mittels einer Eigenfaces-Implementierung behandelt.

Der Quellcode wurde aus [24] übernommen und angepasst.

5.3.1 Merkmalsextraktion und Gesichtserlernung

Es wird davon ausgegangen, dass die Gesichtsentdeckung bereits ein Graustufenbild des Gesichts zur Verfügung stellt. Mittels der Funktion cvCalcEigenObjects() wird die PCA durchgeführt:

```
void cvCalcEigenObjects( int nObjects, void* input, void*
output, int ioFlags, int ioBufSize, void* userData,
CvTermCriteria* calcLimit, IplImage* avg, float* eigVals );
```

Listing 9 Funktionsprototyp zur PCA-Durchführung

Der Parameter nObjects beinhaltet die Anzahl der Trainingsbilder, die sich in dem IplImage-Array input befinden. Die Eigenvektoren bzw. Eigenfaces werden in output abgespeichert (siehe Abbildung 7). Die Definition, dass direkt die Gesichtsabbildungen in einem Array übergeben werden, erfolgt durch das Flag CV_EIGOBJ_NO_CALLBACK. Bei anderen Flags, die beispielsweise eine Funktion als Bildquelle angeben, müssen zusätzlich die Parameter ioBufSize und userData gesetzt werden.

Die Variable calcLimit gibt die Anzahl der Iterationen, d.h. der zu erzeugenden Eigenfaces an (siehe 3.1). Das Durchschnittsgesicht wird ebenfalls durch die Funktion aus Listing 9 berechnet und in avg gespeichert (siehe Abbildung 21, Durchschnittsgesicht der sechs Personen aus Abbildung 22). Die Gewichtung der Eigenvektoren wird im Vektor eigVals gespeichert.

Abbildung 21 Durchschnittsgesicht

Die Funktion cvEigenDecomposite() berechnet anschließend die Koeffizienten zur Projektion der Trainingsbilder in den PCA-Unterraum. Dabei enthält obj die Ursprungsbilder, nEigObjs die Anzahl der Eigenfaces, die sich in eigInput befinden. Der Parameter avg enthält das zuvor berechnete Durchschnittsgesicht. Die Koeffizienten zur Abbildung des jeweiligen Gesichts in jedem Eigenface werden in coeffs gespeichert [25].

36

```
void cvEigenDecomposite( IplImage* obj, int nEigObjs, void*
eigInput, int ioFlags, void* userData, IplImage* avg,
float* coeffs );
```

Aufgrund dieser Koeffizienten erfolgen später der Gesichtsvergleich und die Identifikation.

Alle berechneten Parameter werden anschließend inklusive der Personenzuordnung für den späteren Zugriff zur Gesichtserkennung gespeichert. Dies erfolgt in der vorliegenden Beispielapplikation der Einfachheit halber in einer XML-Datei.

5.3.2 Gesichtsvergleich und Klassifizierung

Zur Identifikation wird zunächst für jedes Gesicht die Methode cvEigenDecomposite() (siehe Listing 10) ausgeführt. Damit wird jede der Abbildungen in den aus den Trainingsbildern berechneten PCA-Unterraum projiziert. Die daraus erhaltenen Koeffizienten werden an die Funktion in Listing 11 übergeben, die den euklidischen Abstand zu den Koeffizienten jeden Trainingsbildes berechnet.

```
double leastDistSq = DBL_MAX;
int i, iTrain, iNearest = 0;

//für jedes Trainingsgesicht
for(iTrain=0; iTrain<nTrainFaces; iTrain++){
    double distSq=0;

    //für den Koeffizient zu jedem Eigenface
    for(i=0; i<nEigens; i++){
        float d_i =
        projectedTestFace[i] -
        projectedTrainFaceMat->data.fl[iTrain*nEigens + i];
        distSq += d_i*d_i;
    }
    if(distSq < leastDistSq){
        leastDistSq = distSq;
        iNearest = iTrain;
    }
}
```

Die erste for-Schleife in Listing 11 iteriert über die Anzahl aller Trainingsgesichter, um in der nächsten for-Schleife die Koeffizienten zu jedem Eigenface mit denen des zu erkennenden Gesichts zu vergleichen. Dabei wird die euklidische Distanz mit dem Quadrat des jeweiligen Abstands berechnet und für alle Eigenface-Koeffizienten aufsummiert (siehe (6)). Da generell bei $a > b$ auch $a^2 > b^2$ gilt, wird die Wurzel nicht gezogen.

Ist die berechnete Distanz kleiner als die bestehende kleinste Distanz, so wird die berechnete Distanz als neues Minimum angenommen. Ebenso wird die zu erkennende Person als die jeweilig zugehörige Person der Trainingsabbildung identifiziert [24].

In diesem Erkennungsalgorithmus ist keine Schwelle hinterlegt. Kann ein Gesicht nicht erkannt werden, so erfolgt in jedem Fall die Zuordnung zur ersten Person des Trainingssets.

5.3.3   Evaluierung mittels eigener Gesichtsdatenbank

Die Eigenfaces-Implementierung wurde auf ein Set von eigenen Gesichtsbildern getestet, um ein Ergebnis im Hinblick auf die Praxistauglichkeit der Applikation zu gewinnen. Dabei wurden die Gesichter der in Abbildung 22 dargestellten Personen mittels der Gesichtsentdeckung aus dem Stream der Webcam extrahiert und zur Gesichtserlernung verwendet.

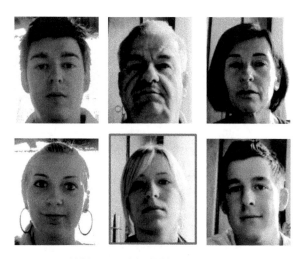

Abbildung 22 Gesichtsabbildungen zur Erlernung

Die in Abbildung 23 gezeigten Bilder beinhalten andere Gesichtsaufnahmen der in Abbildung 22 gezeigten und dem System bereits bekannten Personen. Diese Abbildungen wurden zur Gesichtserkennung herangezogen.

Abbildung 23 Gesichtsdatenbank zur Erkennung

Bei diesem nicht repräsentativen Test konnte eine Erkennungsrate von 95,83% erreicht werden (siehe Ausgabe in Abbildung 24).

Abbildung 24 Ausgabe des Testergebnisses

Das in Abbildung 23 rot eingerahmte Gesicht von Person 4 wurde fälschlicherweise Person 5 zugeordnet (blau gekennzeichnet in den Erlernungsbildern aus Abbildung 22).

6 Zusammenfassung und Ausblick

Aufbauend auf die erarbeiteten theoretischen Grundlagen der Gesichtsentdeckung und Gesichtserkennung wurde im Rahmen dieser Arbeit eine C++-Applikation entwickelt, die Gesichter erlernen und wiedererkennen kann. Einen wesentlichen Bestandteil dieser Software stellt die frei erhältliche OpenCV-Bibliothek dar.

Das Programm zur Gesichtserkennung nimmt direkt einen Stream der an den PC angeschlossenen Webcam entgegen, untersucht diesen mithilfe der Viola-Jones-Methode nach Gesichtern und kennzeichnet diese für den Benutzer in der Ausgabe. Die erkannten Gesichter werden aus der Gesamtabbildung extrahiert und in den Graustufenbereich transformiert. Mittels Angabe des Namens der Person wird dieses Bild anschließend gespeichert und in dem Gesichtserlernungsprozess wieder aufgerufen.

Bei der Gesichtserlernung wird die Abbildung anschließend mit Hilfe des Eigenfaces-Algorithmus in einen niederdimensionalen Raum transformiert und die entsprechenden Daten gespeichert. Diese Daten werden zur Erkennung der Gesichter wieder aufgerufen.

Zur Gesichtserkennung wird wieder ein zuvor extrahiertes Graustufenbild eines Gesichts an den Algorithmus übergeben. Dort werden jeweils die Koeffizienten zur Abbildung des Gesichts auf alle niederdimensionalen Unterräume berechnet und mit denen der Gesichts-erlernung verglichen. Die Identifikation erfolgt aufgrund des „nearest neighbour"-Prinzips unter Nutzung der euklidischen Distanz.

Einem Einsatz des Systems als Zutrittskontrolle zu unkritischen Bereichen steht generell nichts im Wege. Für ein derartiges Anwendungsgebiet müsste die Applikation für das Zusammenspiel mit Netzwerk-Webcams angepasst werden, um einen zentralen Server sämtliche Aufgaben des Gesichtserlernungs- sowie –Erkennungsprozesses erledigen zu lassen.

Für eine Embedded-Implementierung des Systems müsste die Applikation auf einen Mikrocontroller portiert werden. Vor allem ist auch zu prüfen, ob Open-Source-Treiber zur Nutzung der Webcam auf einem Embedded-System existieren. Die benötigte Rechenleistung zur Ausführung der Gesichtserkennung ist für eine bildverarbeitende Applikation relativ gering. Mikrocontroller, die dem Stand der Technik entsprechen, sind nach derzeitigem Wissenstand in der Lage, die Gesichtserkennung mit den hier vorgestellten Algorithmen auszuführen.

Nichtsdestotrotz, ist Stand der Technik, dass kein Gesichtserkennungssystem eine Erkennungsquote von 100% im Praxiseinsatz erreicht. Je nach Anwendungsgebiet ist daher zu evaluieren, wie schwerwiegend Falsch- oder Nichtidentifikationen sind. Die Auswahl der

Gesichtserkennungsmethode muss darauf aufbauend erfolgen. Das System ist zudem entsprechend zu parametrisieren.

Literaturverzeichnis

[1] Turk, M., & Pentland, A. (1991). Eigenfaces for Recognition. *IEEE Computer Society Conference on Computer Vision and Pattern Recognition, CVPR '91*, (S. 586 - 591).

[2] Bronstein, M., Bronstein, A., & Kimmel, R. (2004). Fusion of 2D and 3D data in three-dimensional face recognition. *International Conference on Image Processing, ICIP '04*, (S. 87 - 90).

[3] Blanz, V. (2006). Face Recognition based on a 3D Morphable Model. *7th International Conference on Automatic Face and Gesture Recognition, FGR 2006*, (S. 617 - 624).

[4] Frischholz, R. (2012). *Techniques*. Abgerufen am 10. 04. 2012 von http://www.facedetection.com/facedetection/techniques.htm

[5] McKenna, S., Shaogang, G., & Raja, Y. (1998). Tracking and Segmenting People in Varying Lighting Conditions Using Colour . *Third IEEE International Conference on Automatic Face and Gesture Recognition*, (S. 228 - 233).

[6] Kovac, J., Peer, P., & Solina, F. (2003). Human Skin Colour Clustering for Face Detection. *EUROCON 2003. Computer as a Tool.*, (S. 144 - 148 vol.2).

[7] Singh, S., Vatsa, M., Singh, R., & Chauhan. (2003). A Robust Skin Color Based Face Detection Algorithm. *Tamkang Journal of Science and Engineering, Vol. 6, No. 4* , S. 227 - 234.

[8] Hjelmås, E., Lerøy , C., & Johansen , H. (1998). *Detection and Localization of Human Faces in the ICI System: A First Attempt.*

[9] Reignier, P. (1995). *Finding a face by blink detection.* Abgerufen am 10. 04. 2012 von http://www-prima.imag.fr/ECVNet/IRS95/node13.html

[10] Jesorsky, O., Kirchberg, K., & Frischholz, R. (2001). Robust Face Detection Using the Hausdorff Distance. *Third International Conference on Audio- and Video-based Biometric Person Authentication*, (S. 90 - 95).

[11] Colombo, A., Cusano, C., & Schettini, R. (2005). A 3D face recognition system using curvature-based detection and holistic multimodal classification. *Proceedings of the 4th International Symposium on Image and SignalProcessing and Analysis, ISPA 2005*, (S. 179 - 184).

[12] Viola, P., & Jones, M. (2001). Robust Real-Time Face Detection . *Eighth IEEE International Conference on Computer Vision, ICCV 2001*, (S. 747).

[13] Viola, P., & Jones, M. (2001). Rapid Object Detection using a Boosted Cascade of Simple. *IEEE Computer Society Conference on Computer Vision and Pattern Recognition, CVPR 2001*, (S. I-511 - I-518 vol.1).

[14] Böker, F. (2005). *Hauptkomponentenanalyse.*

[15] Belhumeur, P., Hespanha, J., & Kriegman, D. (1997). Eigenfaces vs. Fisherfaces: Recognition Using Class Specific Linear Projection. *IEEE Transactions on Pattern Analysis and Machine Intelligence, Vol. 19, No. 7* , S. 711 - 720.

[16] Bartlett, M., Movellan, J., & Sejnowski, T. (2002). Face Recognition by Independent Component Analysis. *IEEE Transactions on Neural Networks* , S. 1450 - 1464.

[17] Liu, C., & Wechsler, H. (1999). Comparative Assessment of Independent Component Analysis (ICA) for Face Recognition. *Second International Conference on Audio- and Video-based Biometric Person Authentication, AVBPA'99.*

[18] Nefian, A., & Hayes III, M. (1998). Hidden Markov Models for Face Recognition. *IEEE International Conference on Acoustics, Speech and Signal Processing*, (S. 2721 - 2724 vol.5).

[19] Wiskott, L., Fellous, J.-M., Krüger, N., & Malsburg, C. (1997). Face Recognition by Elastic Bunch Graph Matching. *International Conference on Image Processing*, (S. 129 - 132 vol.1).

[20] Yang, M.-H. (2000). Face Recognition Using Kernel Methods. *International Conference on Image Processing*, (S. 37 - 40 vol.1).

[21] OpenCV. (2012). *Cascade Classifier*. Abgerufen am 02. 05. 2012 von http://opencv.itseez.com/doc/tutorials/objdetect/cascade_classifier/cascade_classifier.html

[22] OpenCV. (2010). *Cascade Classification*. Abgerufen am 06. 05. 2012 von http://opencv.willowgarage.com/documentation/cpp/cascade_classification.html

[23] OpenCV. (2010). *Geometric Image Transformations*. Abgerufen am 06. 05. 2012 von http://opencv.willowgarage.com/documentation/cpp/geometric_image_transformations.html

[24] Hewitt, R. (2007). *Implementing Eigenface*. Abgerufen am 02. 05. 2012 von http://www.cognotics.com/opencv/servo_2007_series/part_5/index.html

[25] OpenCV. (2012). *Object Recognition Reference*. Abgerufen am 06. 05. 2012 von http://www710.univ-lyon1.fr/~bouakaz/OpenCV-0.9.5/docs/ref/OpenCVRef_ObjectRecognition.htm

Abbildungsverzeichnis

Tabellenverzeichnis

Listingverzeichnis

Programmcode

Cam.h:

```
#include <cv.h> //OpenCV base class
#include <highgui.h> //for visualizing and video capturing

#pragma once
class CCam
{
public:
    CCam(int id);
    ~CCam(void);
    IplImage* getImg(void);
    void initCamResolution(double width, double height);

private:
    int id;
    double framePos;
    CvCapture *capture;
};
```

Cam.cpp:

```
#include "Cam.h"

CCam::CCam(int id)
{
    this->id=id;
    this->framePos=0;
    this->capture=cvCreateCameraCapture(id); //=CaptureFromCAM
}

CCam::~CCam(void)
{
    cvReleaseCapture(&capture);
}

void CCam::initCamResolution(double width, double height){
    cvSetCaptureProperty(this->capture, CV_CAP_PROP_FRAME_WIDTH, width);
//set width
    cvSetCaptureProperty(this->capture, CV_CAP_PROP_FRAME_HEIGHT, height);
//set height
}

IplImage* CCam::getImg(void){
    double frameCnt=cvGetCaptureProperty(this-
>capture,CV_CAP_PROP_FRAME_COUNT); //read current frame count
```

```
        while(framePos<frameCnt){
            cvGrabFrame(this->capture); //fast method, writing to nonsense
            framePos++;
        }
        return(cvRetrieveFrame(this->capture)); //or Query
    }
```

FaceRecognition.cpp:

```
#include "stdafx.h"
#include "Cam.h"
#include <cv.h>
#include <highgui.h>
#include <iostream>

#include <cxmisc.h>
#include <cvaux.h>
#include <vector>
#include <string>
#include <algorithm>
#include <stdio.h>
#include <stdlib.h>
#include <ctype.h>

using namespace std;
using namespace cv;

/** Function Headers */
void detectAndDisplay( Mat frame, int fileNameCnt, const char *personName );
void doCanny(IplImage* in,double lowThresh,    double highThresh, double
aperture);

//// Function prototypes - facerec
void learn();
void recognize();
void doPCA();
void storeTrainingData();
int  loadTrainingData(CvMat ** pTrainPersonNumMat);
int  findNearestNeighbor(float * projectedTestFace);
int  loadFaceImgArray(char * filename);

/** Global variables */
String face_cascade_name = "haarcascade_frontalface_alt.xml";
CascadeClassifier face_cascade;
CascadeClassifier eyes_cascade;
string window_name = "Capture - Face detection";
RNG rng(12345);

//// Global variables - facerec
IplImage ** faceImgArr        = 0; // array of face images
```

```
CvMat      *  personNumTruthMat = 0; // array of person numbers
int nTrainFaces                 = 0; // the number of training images
int nEigens                     = 0; // the number of eigenvalues
IplImage * pAvgTrainImg         = 0; // the average image
IplImage ** eigenVectArr        = 0; // eigenvectors
CvMat * eigenValMat             = 0; // eigenvalues
CvMat * projectedTrainFaceMat   = 0; // projected training faces
CvSize faceImgSize;

/** @function main */
int main( int argc, const char* argv )
{
     int option=2;
     //0 ... detect faces
     //1 ... learn faces
     //2 ... recognize faces

     const char* personName="maria";

     if(option==0){
          Mat frame;
          CCam *myCam=new CCam(0);
          myCam->initCamResolution(92,112);
          int i=0;

          //-- 1. Load the cascades
          if( !face_cascade.load( face_cascade_name ) ){ printf("--(!)Error
loading\n"); return -1; };

          while(i<5){
               frame = myCam->getImg();

               //-- 3. Apply the classifier to the frame
               detectAndDisplay( frame, i, personName);
               cvWaitKey(0); //Wait until user presses a key
               i++;
          }
          cvDestroyAllWindows();
          delete(myCam);
     }

     if(option==1){
          learn();
     }

     if(option==2){
          recognize();
     }

     if(option==3){
          CCam *myCam=new CCam(0);
```

```
        myCam->initCamResolution(92,112);
        IplImage *frame = myCam->getImg();
        cvShowImage("original",frame);
        doCanny( frame, 10, 100, 3 );
        cvWaitKey(0); //Wait until user presses a key
        cvDestroyAllWindows();
        delete(myCam);
    }

    return 0;

}

/** @function detectAndDisplay */
void detectAndDisplay( Mat frame, int fileNameCnt, const char *personName)
{
    std::vector<Rect> faces;
    Mat frame_gray;
    Mat img_roi;
    Mat faceImg=cvCreateMat(224, 184, CV_8U);

    char filename [50];
    int length;

    cvtColor( frame, frame_gray, CV_BGR2GRAY );
    equalizeHist( frame_gray, frame_gray );

    //-- Detect faces
    face_cascade.detectMultiScale( frame_gray, faces, 1.1, 2,
0|CV_HAAR_SCALE_IMAGE, Size(30, 30) );

    for( int i = 0; i < faces.size(); i++ )
    {

        Point left( faces[i].x - (int)(faces[i].width*0.1), faces[i].y -
(int)(faces[i].height*0.3));
        Point right( faces[i].x + (int)(faces[i].width*1.1), faces[i].y +
(int)(faces[i].height*1.2));

        rectangle(frame,left,right,Scalar( 255, 13, 66 ),10);

        //Make a rectangle
        Rect roi(left,right);
        //Point a cv::Mat header at it (no allocation is done)
        img_roi = frame_gray(roi);

    }
    //-- Show what you got
    imshow( window_name, frame );

    resize(img_roi,faceImg,Size( faceImg.cols, faceImg.rows));
```

```
    imshow("cutted",img_roi);
    imshow("cutted_and_resized",faceImg);
    length=sprintf (filename, "%s%d.bmp", personName, fileNameCnt);
    imwrite(filename,faceImg);
}

////////////////////////////////////
// learn()
//
void learn()
{
    int i, offset;

    // load training data
    nTrainFaces = loadFaceImgArray("train.txt");
    if( nTrainFaces < 2 )
    {
        fprintf(stderr,
                "Need 2 or more training faces\n"
                "Input file contains only %d\n", nTrainFaces);
        return;
    }

    // do PCA on the training faces
    doPCA();

    // project the training images onto the PCA subspace
    projectedTrainFaceMat = cvCreateMat( nTrainFaces, nEigens, CV_32FC1 );
    offset = projectedTrainFaceMat->step / sizeof(float);
    for(i=0; i<nTrainFaces; i++)
    {
        //int offset = i * nEigens;
        cvEigenDecomposite(
            faceImgArr[i],
            nEigens,
            eigenVectArr,
            0, 0,
            pAvgTrainImg,
            //projectedTrainFaceMat->data.fl + i*nEigens);
            projectedTrainFaceMat->data.fl + i*offset);
    }

    // store the recognition data as an xml file
    storeTrainingData();
}

////////////////////////////////////
// recognize()
//
void recognize()
{
```

```
    int i, nTestFaces  = 0;            // the number of test images
    CvMat * trainPersonNumMat = 0;  // the person numbers during training
    float * projectedTestFace = 0;

    // load test images and ground truth for person number
    nTestFaces = loadFaceImgArray("test.txt");
    printf("%d test faces loaded\n", nTestFaces);

    // load the saved training data
    if( !loadTrainingData( &trainPersonNumMat ) ) return;

    // project the test images onto the PCA subspace
    projectedTestFace = (float *)cvAlloc( nEigens*sizeof(float) );
    for(i=0; i<nTestFaces; i++)
    {
        int iNearest, nearest, truth;

        // project the test image onto the PCA subspace
        cvEigenDecomposite(
            faceImgArr[i],
            nEigens,
            eigenVectArr,
            0, 0,
            pAvgTrainImg,
            projectedTestFace);

        iNearest = findNearestNeighbor(projectedTestFace);
        truth    = personNumTruthMat->data.i[i];
        nearest  = trainPersonNumMat->data.i[iNearest];

        printf("nearest = %d, Truth = %d\n", nearest, truth);
    }
}

//////////////////////////////////
// loadTrainingData()
//
int loadTrainingData(CvMat ** pTrainPersonNumMat)
{
    CvFileStorage * fileStorage;
    int i;

    // create a file-storage interface
    fileStorage = cvOpenFileStorage( "facedata.xml", 0, CV_STORAGE_READ );
    if( !fileStorage )
    {
        fprintf(stderr, "Can't open facedata.xml\n");
        return 0;
    }

    nEigens = cvReadIntByName(fileStorage, 0, "nEigens", 0);
```

```
    nTrainFaces = cvReadIntByName(fileStorage, 0, "nTrainFaces", 0);
    *pTrainPersonNumMat = (CvMat *)cvReadByName(fileStorage, 0,
"trainPersonNumMat", 0);
    eigenValMat  = (CvMat *)cvReadByName(fileStorage, 0, "eigenValMat", 0);
    projectedTrainFaceMat = (CvMat *)cvReadByName(fileStorage, 0,
"projectedTrainFaceMat", 0);
    pAvgTrainImg = (IplImage *)cvReadByName(fileStorage, 0, "avgTrainImg",
0);

    eigenVectArr = (IplImage **)cvAlloc(nTrainFaces*sizeof(IplImage *));
    for(i=0; i<nEigens; i++)
    {
        char varname[200];
        sprintf( varname, "eigenVect_%d", i );
        eigenVectArr[i] = (IplImage *)cvReadByName(fileStorage, 0, varname,
0);
    }

    // release the file-storage interface
    cvReleaseFileStorage( &fileStorage );

    return 1;
}

/////////////////////////////////
// storeTrainingData()
//
void storeTrainingData()
{
    CvFileStorage * fileStorage;
    int i;
    IplImage * veigen    = 0;
    IplImage * vavg      = 0;
    vavg=cvCreateImage(faceImgSize, IPL_DEPTH_8U, 1);
    veigen=cvCreateImage(faceImgSize, IPL_DEPTH_8U, 1);
    // create a file-storage interface
    fileStorage = cvOpenFileStorage( "facedata.xml", 0, CV_STORAGE_WRITE );

    cvNormalize( eigenVectArr[2], veigen, 0, 256, CV_MINMAX );
    cvShowImage("Eigenface_1",veigen);
    cvWaitKey(0);
    cvNormalize( pAvgTrainImg, vavg, 0, 256, CV_MINMAX );
    cvShowImage("AverageImage",vavg);
    cvWaitKey(0);

    // store all the data
    cvWriteInt( fileStorage, "nEigens", nEigens );
    cvWriteInt( fileStorage, "nTrainFaces", nTrainFaces );
    cvWrite(fileStorage, "trainPersonNumMat", personNumTruthMat,
cvAttrList(0,0));
    cvWrite(fileStorage, "eigenValMat", eigenValMat, cvAttrList(0,0));
```

```
    cvWrite(fileStorage, "projectedTrainFaceMat", projectedTrainFaceMat,
cvAttrList(0,0));
    cvWrite(fileStorage, "avgTrainImg", pAvgTrainImg, cvAttrList(0,0));
    for(i=0; i<nEigens; i++)
    {
        char varname[200];
        sprintf( varname, "eigenVect_%d", i );
        cvWrite(fileStorage, varname, eigenVectArr[i], cvAttrList(0,0));
    }

    // release the file-storage interface
    cvReleaseFileStorage( &fileStorage );
}

///////////////////////////////////
// findNearestNeighbor()
//
int findNearestNeighbor(float * projectedTestFace)
{
    //double leastDistSq = 1e12;
    double leastDistSq = DBL_MAX;
    int i, iTrain, iNearest = 0;

    for(iTrain=0; iTrain<nTrainFaces; iTrain++)
    {
        double distSq=0;

        for(i=0; i<nEigens; i++)
        {
            float d_i =
                projectedTestFace[i] -
                projectedTrainFaceMat->data.fl[iTrain*nEigens + i];
            distSq += d_i*d_i; // Euclidean
        }

        if(distSq < leastDistSq)
        {
            leastDistSq = distSq;
            iNearest = iTrain;
        }
    }

    return iNearest;
}

///////////////////////////////////
// doPCA()
//
void doPCA()
{
    int i;
```

```
        CvTermCriteria calcLimit;


        // set the number of eigenvalues to use
        nEigens = nTrainFaces-1;

        // allocate the eigenvector images
        faceImgSize.width  = faceImgArr[0]->width;
        faceImgSize.height = faceImgArr[0]->height;
        eigenVectArr = (IplImage**)cvAlloc(sizeof(IplImage*) * nEigens);
        for(i=0; i<nEigens; i++)
            eigenVectArr[i] = cvCreateImage(faceImgSize, IPL_DEPTH_32F, 1);

        // allocate the eigenvalue array
        eigenValMat = cvCreateMat( 1, nEigens, CV_32FC1 );

        // allocate the averaged image
        pAvgTrainImg = cvCreateImage(faceImgSize, IPL_DEPTH_32F, 1);

        // set the PCA termination criterion
        calcLimit = cvTermCriteria( CV_TERMCRIT_ITER, nEigens, 1);

        // compute average image, eigenvalues, and eigenvectors
        cvCalcEigenObjects(
            nTrainFaces,
            (void*)faceImgArr,
            (void*)eigenVectArr,
            CV_EIGOBJ_NO_CALLBACK,
            0,
            0,
            &calcLimit,
            pAvgTrainImg,
            eigenValMat->data.fl);

        cvNormalize(eigenValMat, eigenValMat, 1, 0, CV_L1, 0);

}

/////////////////////////////////
// loadFaceImgArray()
//
int loadFaceImgArray(char * filename)
{
        FILE * imgListFile = 0;
        char imgFilename[512];
        int iFace, nFaces=0;


        // open the input file
        if( !(imgListFile = fopen(filename, "r")) )
        {
```

```
                    fprintf(stderr, "Can\'t open file %s\n", filename);
                    return 0;
            }

            // count the number of faces
            while( fgets(imgFilename, 512, imgListFile) ) ++nFaces;
            rewind(imgListFile);

            // allocate the face-image array and person number matrix
            faceImgArr       = (IplImage **)cvAlloc( nFaces*sizeof(IplImage *) );
            personNumTruthMat = cvCreateMat( 1, nFaces, CV_32SC1 );

            // store the face images in an array
            for(iFace=0; iFace<nFaces; iFace++)
            {
                    // read person number and name of image file
                    fscanf(imgListFile,
                        "%d %s", personNumTruthMat->data.i+iFace, imgFilename);

                    // load the face image
                    faceImgArr[iFace] = cvLoadImage(imgFilename,
CV_LOAD_IMAGE_GRAYSCALE);

                    if( !faceImgArr[iFace] )
                    {
                            fprintf(stderr, "Can\'t load image from %s\n", imgFilename);
                            return 0;
                    }
            }

            fclose(imgListFile);

            return nFaces;
}

void doCanny(
        IplImage* in,
        double lowThresh,
        double highThresh,
        double aperture
        ) {
        IplImage* frame_gray = cvCreateImage( cvGetSize(in), IPL_DEPTH_8U, 1 );
        IplImage* out = cvCreateImage( cvGetSize(in), IPL_DEPTH_8U, 1 );
        cvCvtColor(in,frame_gray,CV_BGR2GRAY);
        cvCanny( frame_gray, out, lowThresh, highThresh, aperture );
        cvShowImage("edges",out);
        cvShowImage("input",in);
        cvShowImage("grayscaled",frame_gray);
};
```

Der Autor

Andreas Ranftl, BSc wurde 1990 in Salzburg, Österreich geboren. Er schloss die Höhere Technische Lehranstalt in Salzburg in der Vertiefung Elektronik/ Technische Informatik erfolgreich mit der Arbeit 'Presentation Glove - Entwicklung eines multifunktionalen PC-Eingabegeräts' ab. Anschließend absolvierte er, berufsbegleitend, das Bachelorstudium für Informationstechnik & Systemmanagement an der Fachhochschule Salzburg, wo er sich auf Industrielle Informationstechnik spezialisierte. Dieses Fachbuch erschien ausgehend vom Interesse des Autors für künstliche Intelligenz und folgte auf eine Studienarbeit über Stereokamerasysteme.